BEI GRIN MACHT SICH IHR WISSEN BEZAHLT

- Wir veröffentlichen Ihre Hausarbeit, Bachelor- und Masterarbeit

- Ihr eigenes eBook und Buch - weltweit in allen wichtigen Shops

- Verdienen Sie an jedem Verkauf

Jetzt bei www.GRIN.com hochladen und kostenlos publizieren

Bibliografische Information der Deutschen Nationalbibliothek:

Die Deutsche Bibliothek verzeichnet diese Publikation in der Deutschen Nationalbibliografie; detaillierte bibliografische Daten sind im Internet über http://dnb.d-nb.de/ abrufbar.

Dieses Werk sowie alle darin enthaltenen einzelnen Beiträge und Abbildungen sind urheberrechtlich geschützt. Jede Verwertung, die nicht ausdrücklich vom Urheberrechtsschutz zugelassen ist, bedarf der vorherigen Zustimmung des Verlages. Das gilt insbesondere für Vervielfältigungen, Bearbeitungen, Übersetzungen, Mikroverfilmungen, Auswertungen durch Datenbanken und für die Einspeicherung und Verarbeitung in elektronische Systeme. Alle Rechte, auch die des auszugsweisen Nachdrucks, der fotomechanischen Wiedergabe (einschließlich Mikrokopie) sowie der Auswertung durch Datenbanken oder ähnliche Einrichtungen, vorbehalten.

Impressum:

Copyright © 2014 GRIN Verlag
Druck und Bindung: Books on Demand GmbH, Norderstedt Germany
ISBN: 9783668705883

Dieses Buch bei GRIN:

https://www.grin.com/document/284665

Mirco Schulze

Trainingsplanung für Muskelaufbau, Körperformung und Stärkung der Rückenmuskulatur

GRIN Verlag

GRIN - Your knowledge has value

Der GRIN Verlag publiziert seit 1998 wissenschaftliche Arbeiten von Studenten, Hochschullehrern und anderen Akademikern als eBook und gedrucktes Buch. Die Verlagswebsite www.grin.com ist die ideale Plattform zur Veröffentlichung von Hausarbeiten, Abschlussarbeiten, wissenschaftlichen Aufsätzen, Dissertationen und Fachbüchern.

Besuchen Sie uns im Internet:

http://www.grin.com/

http://www.facebook.com/grincom

http://www.twitter.com/grin_com

Deutsche Hochschule für

Prävention und Gesundheitsmanagement

Hermann Neuberger Sportschule 3

66123 Saarbrücken

Einsendeaufgabe

Fachmodul: Trainingslehre I

Studiengang: Fitnessökonomie BA

Version Studienbrief: 2012, v8.0

(Datum des Vorwortes, Versionsnummer in Fußzeile des Studienbriefes)

Name, Vorname: Schulze, Mirco

Studienort: Leipzig

Semester: WS 12/13

Inhaltsverzeichnis

1 ALLGEMEINE UND BIOMETRISCHE DATEN 3

2 ZIELSETZUNG/PROGNOSE 5

3 TRAININGSPLANUNG MAKROZYKLUS 6

4 TRAININGSPLANUNG MESOZYKLUS 8

5 LITERATURRECHERCHE 11

6 LITERATURVERZEICHNIS 15

7 TABELLENVERZEICHNIS 15

1 Allgemeine und biometrische Daten

Tab. 1: Allgemeine Daten

Alter	21
Geschlecht	Männlich
Körpergröße	1,79 m
Körpergewicht	63 kg
Trainingsmotive	Muskelaufbau, Körperformung, Rückenmuskulatur stärken
Berufliche Tätigkeit	Dualer Student
Aktuelle sportliche Aktivität	1x die Woche Joggen und 1x EMS-Training
Frühere sportliche Aktivität	Fußball: 2 Training die Woche + Spiel über 10 Jahre Handball: 1-2 Training die Woche + Spiel über 7 Jahre
Zeitlichen Verfügungsrahmen	1-2 Mal die Woche

Tab. 2: Biometrische Daten

Blutdruck	Systole: 121 mm/Hg Diastole: 83 mm/Hg
Ruhepuls	75 Schläge pro Minute

Der Blutdruck bei dem Trainierenden liegt im normalen Bereich, da der Systolische Wert unter 130 mm/Hg und der diastolische Wert unter dem Wert von 85 mm/Hg liegt. Somit entspricht der Blutdruck den Normwerten (Fikenzer/ Israel, 2012, Seite 173).

Tab. 3: Daten über den allgemeinen Gesundheitszustand

Orthopädische Probleme	Nein
Internistische Probleme	Nein
Ärztliche Behandlung	Konservative Behandlung einer leichten Epiphysiolyse im Jahr 2003 (3 Monate kein Sport = Ruhigstellung)
Einnahme von Medikamenten	Nein
Gesundheitliche Einschränkungen	Nein

Bei dem Trainierenden besteht kein Bedenken bezüglich der Belastbarkeit bzw. der Trainierbarkeit. Weder die biometrischen, noch die Daten über den allgemeinen Gesundheitsstand weisen Probleme oder Hindernisse auf, die gegen ein Krafttraining sprechen würden.

Krafttestung

Mit dem Trainierenden wird ein Krafttest nach dem subjektiven Belastungsempfinden gemacht. Zuerst wird durch den Trainer eine passende Auswahl an Testübungen und auch dazu passende Wiederholungszahl festgelegt. Diese sind dann für jede Testübung vorausgesetzt. Bei den Testübungen gilt es darauf zu achten, dass auf die trainingsspezifischen Ziele des Trainierenden eingegangen wird. Ein Ziel des Trainierenden ist der Muskelaufbau. Daraufhin würde für den Trainierenden ein Hypertrophietraining mit 6 bis 15 Wiederholungen in Frage kommen. In Absprache mit dem Trainer einigt man sich hier auf 12 Wiederholungen.

Nun bekommt der Trainierende eine Einführung ins Aufwärmen, der allgemeinen und speziellen Muskulatur. Die Testübungen werden erst begonnen, wenn alle Muskelpartien vorgewärmt sind. Der Trainer wählt für den Trainierenden das passende Einstiegsgewicht. Dazu ist es wichtig darauf zu achten, dass nach 3 Testsätzen ein passendes Gewicht für den Trainierenden gefunden wird, da sonst die einzelnen Muskelpartien zu schnell ermüden. Nun gibt der Trainer nur noch ein Tempo vor, welches beispielsweise 2/0/2 sein könnte, was bedeutet, dass die

Übung zwei Sekunden exzentrische Phase, null Sekunden isometrische Phase und zwei Sekunden konzentrische Phase beinhaltet. Im Anschluss werden die Testübungen durchgeführt bis ein passendes Gewicht für den Trainierenden gefunden wurde. Dieses Gewicht sollte sich für den Trainierenden „mittel" bis „schwer" sein. Auf der „Wanner-Skala" wären das die Stufen 4 und 5. (Deutsche Hochschule für Prävention und Gesundheitsmanagement, 2012, S. 123).

2 Zielsetzung/Prognose

1.Ziel Muskelaufbau

Inhalt: Hypertrophie

Ausmaß: 1-2 kg

Zeit: 2 Monate

2. Ziel Körperformung

Inhalt: Bauchumfang reduzieren

Ausmaß: 1-3 cm

Zeit: 2 Monate

3. Ziel Rückenmuskulatur stärken

Inhalt: Rückenmuskeln trainieren

Ausmaß: weniger Beschwerden im Lendenwirbelbereich

Zeit: 6 Monate

Als wichtigstes Ziel gilt für den Trainierenden der Muskelaufbau. Aufgrund der gegeben gesundheitlichen Voraussetzungen besteht kein Bedenken das erste Ziel, ein Muskelzuwachs von 1-2 kg in 2 Monaten, zu erreichen.

Ein weiteres Ziel des Trainierenden ist die Körperformung. Gezielt möchte der Trainierende seinen Bauchumfang reduzieren. Als Ausmaß gelten hier ein bis drei cm in einem Zeitraum von 2 Monaten. Auch dieses Ziel scheint realistisch, denn der Trainierende bringt einen hohen Anteil an Eigenmotivation und genügend Zeit mit, um seinen Zielen näher zu kommen.

Das dritte Ziel des Trainierenden heißt Rückenmuskulatur stärken. Dieses Ziel gilt es subjektiv zu betrachten, sodass der Trainierende schmerzfrei ist. Der Zeitraum ist hier anders gewählt worden, da es sinnvoll ist, präventiv längerfristig Rückenschmerzen vorzubeugen.

Neben den Zielen ist es sehr wichtig auf eine ausgewogene eiweißreichhaltige Ernährung zu achten. Diese Unterstützt nicht nur die Regeneration sondern viel wichtiger, das ausgerufene Ziel, den Muskelaufbau.

Die Krafttrainingsmethode des subjektiven Belastungsempfindens wurde aufgrund der Vorteile eines sanften Krafttrainings gewählt. Dazu zählen die Reduzierung von Muskelkater, Überbelastung des passiven Bewegungsapparates, gynäkologischer Schädigungen und Bewegungsabfälschungen (Boeckh-Behrens/Buskies, 2007, S. 44 ff.).

3 Trainingsplanung Makrozyklus

Tab. 4: Makrozyklusplanung

	Mesozyklus 1	Mesozyklus 2	Mesozyklus 3	Mesozyklus 4
Zyklusdauer	8 Wochen	8 Wochen	6 Wochen	6 Wochen
Spez. Trainingsziel	Kraftausdauer	Übergangsphase	Muskelaufbautraining (extensiv)	Muskelaufbautraining (intensiv)
Anzahl Trainingseinheiten pro Woche	1 – 2	1 – 2	1 – 2	1 – 2
Organisationsform	GK/ Zirkeltraining	GK/ Stationstraining	GK/ Stationstraining	GK/ Stationstraining
Anzahl der Übungen pro Muskelgruppe	1 – 2	1 - 2	2	2
Anzahl der Sät-	2	2	2	2

ze pro Übung				
Satzpausen	-	60 Sekunden	60 Sekunden	90 Sekunden
Wiederholungszahlen	20	15	10	6
Intensitäten	„Mittel" bis „Schwer"	„Mittel" bis „Schwer"	„Mittel" bis „Schwer"	„Mittel" bis „Schwer"
Bewegungstempo	2/0/2	2/0/2	2/1/2	2/1/2
Krafttrainingsmethode	Subjektiv	Subjektiv	Subjektiv	Subjektiv

Begründung Makrozyklus:

Aufgrund der Blockperiodisierung wird in jedem Block bzw. Mesozyklus ein neues Trainingsziel angesteuert. Somit reduziert sich die Wiederholungszahl und die Intensität steigt von Mesozyklus zu Mesozyklus.

Da der Trainierende als Beginner eingestuft wurde, beginnt dieser im Mesozyklus I mit dem Kraftausdauertraining. Vorteile eines Kraftausdauertrainings sind Verbesserung der Kraftausdauer, Körperformung, Zunahme der Maximalkraft, geringe Zunahme der Muskelmasse, Fettabbau und Ermüdungswiderstandsfähigkeit (Boeckh-Behrens/Buskies, 2007, S. 44 ff.). Neue Trainingsreize werden durch die Prinzipien der Trainingslehre und dem Wechsel der Mesozyklen bzw. der Trainingszielen ermöglicht. Als Vorbereitung auf das Hypertrophietraining im dritten und vierten Mesozyklus wird ein Übergangstraining zwischen Mesozyklus eins und drei. Ziel des Übergangstrainings ist die Gewöhnung an die Trainingsbelastung und die Verletzungsprophylaxe.

Anschließend wird sich auf das Hauptziel Muskelaufbau konzentriert. Dieses Hauptziel soll durch die letzten zwei unterschiedlichen Mesozyklen erreicht werden. Trainingseffekte des Hypertrophietrainings sind die Verbesserung der Kontraktionsfähigkeit und der Umsetzung dieser, eine vermehrte Zunahme der Muskelmasse, die Körperformung, die Verbesserung der Kraftausdauer und der Maximalkraft. Damit steigen die intermuskuläre Koordination und die Schnellkraft (Boeckh-Behrens/Buskies, 2007, S. 44 ff.). Ein Split-Training wäre für den Trainierenden ungeeignet, da er es zeitlich nicht koordinieren kann mehr als zweimal in der Woche ins Fitnessstudio zu gehen. Das Ganzkörpertraining ist hier also die richtige Wahl.

Im Mesozyklus I beginnt der Trainierende mit dem Zirkeltraining, um erste Eindrücke vom Fitnessstudio zu bekommen. Das Zirkeltraining ist für einen Trainingsbeginner vom Vorteil, da die Maschinen geführt sind und so wenig Fehler bei der Übungsausführung bieten. Zudem ist diese Trainingsmethode zeitsparend. Durch das Stationstraining werden bessere Adaptionsmöglichkeiten des Trainierenden erzielt. Aufgrund des Prinzips der optimalen Relation von Belastung und Erholung ist das absolvieren eines Zirkeltrainings in den letzten drei Mesozyklen unvorteilhaft, da der Körper eine bestimmte Zeit zur Regeneration benötigt und diese nicht erhält. (Boeckh-Behrens/Buskies, 2007, S. 27 ff.).Im Mesozyklus II-IV geht es dann in ein Stationstraining über.

Zu Beginn der Belastungsphase werden in den ersten beiden Mesozyklen 1 – 2 Übungen pro Muskelgruppe absolviert. In den letzten beiden Mesozyklen, wo es um das Hauptziel des Trainierenden geht, werden 2 Übungen pro Muskelgruppe.

Anhand der Leistungsstufe des Trainierenden waren für den Beginner zwei Sätze pro Übung vollkommen ausreichend.

Die Intensitäten wurden aufgrund der Krafttrainingsmethode nachdem dem subjektiven Belastungsempfinden bestimmt. Diese sind für einen Beginner auf der „Wanner-Skala" (Boeckh-Behrens/Buskies, 2007, S. 32 ff.) „mittel" bis „schwer", welche Stufe 5 entspricht.

4 Trainingsplanung Mesozyklus

Tab. 5: Mesozyklusplanung III

Zyklusdauer	6 Wochen
Spezifisches Trainingsziel	Muskelaufbau
Trainingseinheiten pro Woche	2
Organisationsform	GK/ Stationstraining
Übungen pro Muskelgruppe	2
Sätze pro Übungen	2

Satzpausen	60 Sekunden
Wiederholungszahl	10
Intensität	4 - Mittel
Bewegungstempo	2/1/2
Krafttrainingsmethode	Subjektiv

Tab. 6: Übungsübersicht im Mesozyklus II

Übungen	Wiederholungen	Sätze	Satzpausen
Beinpresse	15	2	60 Sekunden
Butterfly	15	2	60 Sekunden
Bankdrücken mit Langhantel	15	2	60Sekunden
Latzug zum Nacken	15	2	60 Sekunden
Rudermaschine	15	2	60 Sekunden
Rückenstrecker	15	2	60 Sekunden
Bauchmaschine	15	2	60 Sekunden

Begründung Mesozyklus:

Der Trainierende beginnt den Mesozyklus mit der Übung Beinpresse. Aufgrund der Komplexität werden die wichtigsten Muskeln der Beinmuskulatur aktiviert und trainiert. Aufgrund der Einfachheit der Übung und der optimalen Fixierung des Oberkörpers, wodurch der Rumpf statisch angespannt wird, eignet sich diese Übung perfekt für einen Trainingsbeginner (Boeckh-Behrens/Buskies, 2007, S. 261).

Die nächsten folgenden Übungen konzentrieren sich auf die Brustmuskulatur des Trainierenden. Zuerst wird die Übung Butterfly an der Maschine ausgeführt. Diese „effektive Übung aufgrund der guten Fixierung des Körpers und des Hohen Trainingsgewichts" (Boeckh-Behrens/Buskies, 2007, S. 366) ermöglicht eine Isolierung des Hauptmuskels (großer Brustmuskel). Durch das Prinzip der Vorermüdung ist es notwendig, vor einer komplexen Übung den Hauptmuskel durch eine spezielle Übung isoliert zu ermüden. In diesem Fall muss die Übung Butterfly vor der Übung Bankdrücken erfolgen. Durch dieses Prinzip kann die Komplexübung Bankdrücken mit der Langhantel maximal ausgenutzt werden (Boeckh-Behrens/Buskies, 2007, S. 61).

Bei den nächsten zwei Übungen wird sich auf den oberen Rücken konzentriert. Anhand des Auswahlprinzips werden bei verschiedenen Übungen einer muskelgruppe zuerst diese ausgeführt welche dem Muskel am Meisten beanspruchen. Durch die EMG-Rangliste wird dies festgelegt (Boeckh-Behrens/Buskies, 2007, S. 61 f). Im dem Fall des Trainierenden wird zuerst der Latzug zum Nacken absolviert, da dieser einen höheren EMG-Wert aufweist, als die Übung an der Rudermaschine.

Bei Bein und Rückenübungen wird der Oberkörper wieder optimal fixiert, was zum Vorteil des trainierenden ist, und eine gute Isolierung des Muskeleinsatzes ermöglicht. Des Weiteren wird der Latzug vor der Rudermaschine ausgeführt, da Zugübungen, vor allem von oben, viel effektiver sind als Ruderübungen (Boeckh-Behrens/Buskies, 2007, S. 208 f). Durch eine optimale Zusammenstellung der Muskeln wurden je zwei Übungen für die obere Rückenmuskulatur und je zwei für die Brustmuskulatur ausgewählt.

Zuletzt werden die beiden jeweiligen Agonisten und Antagonisten abwechselnd trainiert, Rückenstrecker und Bauchmaschine. Die Übungsreihenfolge „führt zu einer intensiveren Durchblutung der trainierten Körperpartie" (Boeckh-Behrens/Buskies, 2007, S. 60). Da die Grundstabilität dieser Muskulatur bei den Übungen zuvor noch benötigt wird, ist es sinnvoll die Bauch- und Rückenübungen am Ende der Trainingseinheit zu absolvieren.

Unteranderem hat der Trainierende das Ziel seine Rückenmuskulatur gezielt zu stärken deutlich gemacht, in dem er speziell auf den Oberkörper eingegangen ist und dabei auf die Rückenmuskulatur und dessen Gegenspielern, die Brust- und Bauchmuskulatur gekräftigt hat.

5 Literaturrecherche

Studie 1

Wer hat die Studie durchgeführt?

Christoph Lammel

In welchem Jahr wurde die Studie publiziert?

2004

Mit welchen Versuchspersonen wurden die Studien durchgeführt?

Frauen im Alter zwischen 50 – 70 Jahren

Wie sah der Versuchsaufbau der Studien aus?

Es begann Mitte 2001 mit der Rekrutierung von Frauen im Alter zwischen 50 und 70, die unter Mitwirken von Presse und Einwohnermeldeamt via Anschreibungen und Einladungen gewonnen wurden. Zudem wurden im Vorfeld regelmäßig Informationsveranstaltungen über die allgemeine Problematik der Osteoporose und dazu auch konkret die Studieninhalte dargestellt (Lammel, 2001, S.44).

Interessentinnen konnten sich über das Telefon auch über das Telefon über die Studie informieren und wurden zudem beim ersten Telefonkontakt über Alter, Erkrankungen, Medikamente, Ernährung und die aktuelle körperliche Aktivität. Ebenso wichtig war die Abfrage bezüglich der Bereitschaft der Frauen für mind. 40 Wochen an der 12 monatige Studie zweimal pro Woche an einem Training teilzunehmen. Sie wurden besonders darauf hingewiesen, dass sie sich nicht aussuchen durften, welches der drei Trainings sie machen werden, sondern das ganze per Losverfahren entschieden wird. Im Anschluss an das Telefonscreening wurden 78 der 100 Bewerberinnen zu einem klinischen Screening eingeladen. Die hohe Anzahl an Absagen kam aufgrund von gesundheitlichen Kriterien und gleichzeitige Medikamenteneinnahme zustande.

Zur 1. Visite, dem Screening, wurden die eingeladenen Frauen nach mündlicher und schriftlicher Information um ihr schriftliches Einverständnis zur Studienteilnahme gebeten. Neben einer vollständigen klinischen Anamnese, wo die Probandinnen auf chronische oder aktuelle Erkrankungen geprüft wurden, fand auch eine gynäkologische und Sportanamnese. Zudem wurden Serum und Urinproben für spätere Analysen entnommen und eingefriert. Dazu folgten Berechnungen des BMI, die Erfassung der flächenbezogene Knochendichte (aBMD) der Lendenwirbelkörper 2-4 und des Oberschenkelhalses, die Bestimmung der volumenbezogenen Knochendichte (vBMD) und verschiedener geometrischer und Festigkeitsparameter am Unterschenkel und Unterarm jeweils in 4-, 14-, 38- und 66-% mittels pQTC. Die Körperliche Leistungsfähigkeit wurde durch eine ausbelastende Fahrradergometrie bestimmt. Nach eine mind. Halbstündigen Pause wurden Kraftmessungen durchgeführt (Einwiederholungsmaximum, Drehmomentsmessung, Haltekraft/isometrische -, Handkraft). Dazu hatten die Frauen einen Ernährungsfragebogen bekommen, wo sie 7 Tage ihr Ernährungsverhalten dokumentieren sollten.

Um tageszeitliche Schwankungen bei den Kraftmessungen weitgehend auszuschließen, erfolgten diese zur selben Tageszeit wie bei der Eingangsuntersuchung. Außer der Kraft-/Knochenmessung, die auch ggf. am Nachmittag stattfinden durfte, wenn es von den Teilnehmerinnen gewünscht war, wurden alle Untersuchungen vormittags zwischen 7.30 und 11.30 Uhr durchgeführt. Die Probandinnen mussten des Weiteren darauf achten, dass zwischen der letzten Trainingseinheit und der nächsten Untersuchung mindestens 24 Stunden liegen. Am Tag vor jeder Untersuchung durfte man nicht schwer körperlich tätig sein, zudem sollten die Probandinnen am Tage der Blutentnahme auf eine normale Lebensführung achten (Lammel, 2004, S. 46). Die Dauer der Eingangsuntersuchung beträgt ca. 4 Stunden.

Welche relevanten Ergebnisse und Schlussfolgerungen lieferte die Studie?

Es fand keine Veränderung an der LWS statt. Der Knochenmineralgehalt und die Knochendichte zeigten keine großen Veränderungen. Die Prozentualen Abnahmen lagen unter einem Prozent, das heiß im Bereich des Messfehlers. Dazu kam es zu leichten Veränderungen am Oberschenkelhals. In der Krafttrainingsgruppe kam es zu einem Rückgang des BMD-Wertes, wobei der BMD-Wert unverändert blieb. Auch bei dem Knochenstoffwechselparameter gab es keine großen Veränderungen. Zu dem fand eine Verbesserung der Muskelkraft um ca. 50 % in der Krafttrainingsgruppe statt.

Studie 2

Wer hat die Studie durchgeführt?

Monika Siegrist

In welchem Jahr wurde die Studie publiziert?

2004

Mit welchen Versuchspersonen wurden die Studien durchgeführt?

Frauen im Alter zwischen 50 – 70 Jahren

Wie sah der Versuchsaufbau der Studie aus?

Frauen im Alter von 50 bis 70 Jahren wurden über die regionale Zeitung und mit der Unterstützung des Einwohnermeldeamtes eingeladen an der Studie teilzunehmen. Anhand eines Fragebogens wurden gleich beim ersten telefonischen und persönlichen Kontakt Fragen zum Gesundheitszustand, zur Medikamenteneinnahme und zu anderen Aspekten gestellt, die eventuell Einfluss auf das Trainingsergebnis nehmen könnten. „Die Teilnehmerinnen mussten prinzipiell bereit sein, jede der drei in der Studie eingeschlossene Trainingsformen zweimal pro Woche über mindestens 40 Trainingswochen im Studienverlauf durchzuführen", so Siegrist (Siegrist, 2004, S. 94). Nach einer Screening-Untersuchung, wo die Probandinnen mündlich und schriftlich über die Studie informiert wurden, unterzeichneten sie sowie der durchführende Arzt die Probanden-Information. Im Anschluss daran wurde anhand von DXA (Dual Energy X-Ray Absorptiometry) und eine gründliche Anamnese durch den Arzt und zusätzlich eine Ergometrie durchgeführt um die Teilnahme zu garantieren und nicht an Ausschlusskriterien zu scheitern. Zudem soll der Body-Mass-Index zwischen 18 und 30 kg/m² liegen.

Eine Automatische Aufnahme erfolgte, wenn durch die klinischen Untersuchungen, Anamnese und die Messung der Knochenmassen im Bereich des zweiten bis vierten Lendenwirbelkörpers und des Oberschenkelhalses eine Osteopenie festgestellt wurde. Dazu sollten keine Auffälligkeiten im Ruhe- und Belastungs-EKG vorliegen.

Ausschlusskriterien waren gravierende degenerative Veränderungen der Wirbelsäule, Osteoporose, schwere Skoliose, Morbus Bechterew oder rheumatische Arthritis. Dazu konnten Frauen mit koronarer Herzkrankheit, arterieller Verschlusskrankheit, nicht therapierter Hypertonie (Limit: 160/100 mm/Hg), belastungsinduzierte Hypertonie (> 200/120 mm/Hg bei 50 Watt) oder insulinpflichtigem Diabetes Mellitus nicht aufgenommen werden. Weitere Ausschlussfaktoren waren gastrointestinale Entzündungen, Alkoholabusus (> 20 g/Woche), hoher Zigarettenkonsum (> 20 Stück am Tag), zu hohes Gesamtcholesterin (> 8 mmol/l), relevante Leber- oder Nierenerkrankungen, nicht adäquat therapierte Hypo- und Hyperthyreose, Ösophaguserkrankungen, Niereninsuffizienz, thromboembolische Erkrankungen, eingeschränkte Leberfunktion oder Malignome in den letzten fünf Jahren. Die Probandinnen durften keine Medikamente nehmen, die Einfluss auf den Knochenstoffwechsel haben. Beispiel wären keine Bisphosphonate und Fluoride in den letzten zwölf Monaten, keine Hormonersatztherapie in den letzten drei Monaten oder Calcitonin in den letzten sechs Monaten. Ebenfalls wurden Probandinnen die weniger als 40 Trainingswochen aufweisen konnten, von der Auswertung ausgeschlossen.

Welche relevanten Ergebnisse und Schlussfolgerungen lieferte die Studie?

Auffallend ist die große Streubreite der Frauen hinsichtlich ihrer Veränderungen der Knochenmasse. Neben den äußeren mechanischen Einflüssen scheinen sich individuelle Einflussfaktoren auf die Anpassungsfähigkeit des Knochens auszuwirken. Eine große Rolle spielen die genetische Faktoren die die Knochenstoffwechsel und die individuelle Knochenmasse regulieren die mögliche Wirkung der mechanischen Reizen auf zellulärer ebene beeinflussen. Es fand keine Veränderung an der LWS statt. Der Knochenmineralgehalt und die Knochendichte zeigten keine großen Veränderungen. Die Prozentualen Abnahmen lagen unter einem Prozent, das heiß im Bereich des Messfehlers. Dazu kam es zu leichten Veränderungen am Oberschenkelhals. In der Krafttrainingsgruppe kam es zu einem Rückgang des BMD-Wertes, wobei der BMD-Wert unverändert blieb. Auch bei dem Knochenstoffwechselparameter gab es keine großen Veränderungen. Zu dem fand eine Verbesserung der Muskelkraft um ca. 50 % in der Krafttrainingsgruppe statt.

6 Literaturverzeichnis

Boeckh-Behrens, W.-U., & Buskies, W. (2007). *Fitness-Krafttraining. Die besten Übungen und Methoden für Sport und Gesundheit.* Hamburg: Rowohlt.

Fikenzer, S., & Israel, S. (2012). *Studienbrief Medizinische Grundlagen.* Saarbrücken: Deutsche Hochschule für Prävention und Gesundheitsmanagement.

Lammel, C. (2004). *Bewertung verschiedener Trainingsformen zur Prävention der Osteoporose anhand struktureller Anpassungen des Knochens und der Änderung des Muskelstatus bei postmenopausalen Frauen.* Abgerufen am 14. März 2013 von http://tumb1.biblio.tu-muenchen.de/publ/diss/sp/2004/lammel.pdf

Reiß, M., & Fikenzer, S. (2012). *Studienbrief Trainingslehre I - Gesundheitsorientiertes Krafttraining.* Saarbrücken: Deutsche Hochschule für Prävention und Gesundheitsmanagement.

Siegrist, M. (2004). *Stellenwert verschiedener Trainingsprogramme in der Prävention der Osteoporose.* Abgerufen am 14. März 2013 von http://tumb1.biblio.tu-muenchen.de/publ/diss/sp/2004/siegrist.pdf

7 Tabellenverzeichnis

Tab. 1: Allgemeine Daten	3
Tab. 2: Biometrische Daten	3
Tab. 3: Daten über den allgemeinen Gesundheitszustand	4
Tab. 4: Makrozyklusplanung	6
Tab. 5: Mesozyklusplanung III	8
Tab. 6: Übungsübersicht im Mesozyklus II	9

BEI GRIN MACHT SICH IHR WISSEN BEZAHLT

- Wir veröffentlichen Ihre Hausarbeit, Bachelor- und Masterarbeit

- Ihr eigenes eBook und Buch - weltweit in allen wichtigen Shops

- Verdienen Sie an jedem Verkauf

Jetzt bei www.GRIN.com hochladen und kostenlos publizieren